Printed in the USA
CPSIA information can be obtained
at www.ICGtesting.com
LVHW011303060324
773694LV00013B/497

9 789358 721157

مرزا غالب

(بچوں کے لیے سوانحی کہانی)

از:

یش سروج

© Yash Saroj

Mirza Ghalib *(A biography for kids)*

by: Yash Saroj

Edition: July '2023

Publisher:

Taemeer Publications (Hyderabad, India)

ISBN 978-93-5872-115-7

مصنف یا ناشر کی پیشگی اجازت کے بغیر اس کتاب کا کوئی بھی حصہ کسی بھی شکل میں بشمول ویب سائٹ پر اَپ لوڈنگ کے لیے استعمال نہ کیا جائے۔ نیز اس کتاب پر کسی بھی قسم کے تنازع کو نمٹانے کا اختیار صرف حیدرآباد (تلنگانہ) کی عدلیہ کو ہو گا۔

© یش سروج

کتاب	:	**مرزا غالب**
مصنف	:	**یش سروج**
صنف	:	ادب اطفال
ناشر	:	تعمیر پبلی کیشنز (حیدرآباد، انڈیا)
سالِ اشاعت	:	۲۰۲۳ء
تعداد	:	(پرنٹ آن ڈیمانڈ)
صفحات	:	۲۸
سرورق ڈیزائن	:	تعمیر ویب ڈیزائن

تاریخ کا ایک ورق

تب تک بندوقیں، توپیں اور بمبار جہاز نہیں بنے تھے۔ ایک ملک جب کسی دوسرے ملک پر حملہ کرتا تھا تو میدانِ جنگ میں فاتح کا فیصلہ تلواروں سے ہوتا تھا۔ جس ملک کی فوج میں زیادہ دلیر، زیادہ بہادر، زیادہ نمک حلال سپاہی ہوتے تھے فتح اس کی ہوتی تھی۔ جس بادشاہ کی تلوار کی دھار زیادہ تیز ہوتی تھی، جو بادشاہ تلوار کا دھنی ہوتا تھا، جس کا دبدبہ زیادہ ہوتا تھا اس کی حکومت زیادہ بڑی ہوتی تھی۔ تب تاریخ کے اوراق تلوار کی نوک سے لکھے جاتے تھے۔

تاریخ گواہ ہے کہ کبھی ترکوں کا بڑا جاہ و جلال تھا۔ لیکن پھر ایسا وقت بھی آیا جب ایک مُدّت تک ترکی نسل کے پاس نہ تو ملک ہی رہا نہ دَولت۔ ایک زمانے کے بعد تقدیر نے پھر کروٹ بدلی اور ترکوں نے اپنی تلوار کی بدولت اسلام کے عہد میں ایک زبردست سلطنت سلجوقی خاندان میں قائم کر لی۔ کئی سو برس کی حکمرانی کے بعد یہ سلطنت بھی ختم ہوئی اور سلجوق کی اولاد اِدھر اُدھر بکھر گئی۔ اسی خاندان کا ایک امیرزادہ ترسم خاں سمرقند میں آن بسا۔ اس کی اولاد میں ایک شخص تھا کوکان بیگ خاں جو شاہ عالم خاں کے زمانے میں سمرقند سے ہندوستان آیا اور اس نے یہاں ایک اچھا منصب پایا اور رسالے کی تنخواہ پر مقرر رہا۔ مرزا عبداللہ بیگ خاں اور نصراللہ بیگ خاں اسی ترک کے بیٹے تھے۔

قوقان بیگ خاں جب شہر شاہجہاں آباد میں آیا جب ملک کی حالت بڑی خراب تھی۔ بنگالہ کا ملک انگریزوں کے قبضہ میں تھا اور اودھ کا ملک صوبہ دار اودھ نے دبا رکھا تھا۔ ادھر مرہٹہ قوم ہر طرف ملک کو تاراج کر رہی تھی۔

مرزا دُولہا

عبداللہ بیگ خاں پہلے نواب آصف الدولہ کے ہاں لکھنؤ میں نوکر ہوا اور بعد میں کئی برس تک حیدرآباد میں ملازم رہا۔ ایک خانہ جنگی کے جھگڑے میں ہاتھ سے ملازمت نکل جانے پر وہ آگرہ چلا آیا اور پھر الور میں راجہ بختاور سنگھ کا نوکر ہوا۔ ۱۸۰۲ء میں الور کی ریاست میں کسی زمین دار نے راجہ سے بغاوت کر دی۔ اس کی سرکشی کو کچلنے کے لیے بھیجی گئی فوج کے ساتھ مرزا عبداللہ بیگ بھی گیا۔ وہ وہاں بڑی بہادری سے لڑتا ہوا مارا گیا اور راج گڑھ میں دفن کیا گیا۔

مرزا عبداللہ بیگ خاں کی شادی خواجہ غلام حسین خاں کی بیٹی سے ہوئی تھی جو میرٹھ کا ایک فوجی افسر اور شہر آگرے کا رئیس تھا۔ اس کی جاگیر میں کئی دیہات اور آگرہ شہر میں بڑی جایداد تھی۔

مرزا عبداللہ بیگ خاں نے شادی کے بعد اپنی تمام عمر سسرال میں گذاری۔ گھر میں عبداللہ بیگ کو سبھی مرزا دُولہا کہتے تھے۔

مرزا نصراللہ بیگ خاں کی شادی نواب فخرالدولہ احمد بخش خاں کی بہن سے ہوئی۔ جب ہندوستان میں انگریزی سرکار اچھی طرح قائم ہو گئی اور نواب لارڈ لیک کے لشکر میں شامل ہو گیا تو اس نے نصراللہ بیگ خاں کو سرکاری فوج میں رسالدار ملازم کرا دیا۔ ۱۸۰۶ء میں اس کی موت کے بعد سرکار نے فیروزپور جھرکہ کی ریاست سے اس کے وارثوں کے نام پینشن مقرر کر دی۔

میاں نوشہ

بہت، بہت پہلے گذرے کل کا آگرہ شہر۔ تب آگرہ شہر کا نام آگرہ نہیں، اکبرآباد تھا۔ اسی اکبرآباد شہر میں ایک کٹرا کشمیرن والا۔ پھر کٹرا گڈریوں والا اور اس کے آگے سلیم شاہ کے تکیے کے پاس ایک حویلی کالے محل سے لگی ہوئی حویلی سے آگے۔ اس حویلی کے پاس کھٹیا والی حویلی اور اس حویلی کے ساتھ لگی ہوئی ایک بڑی حویلی۔ اسی حویلی میں آج سے دو سو برس پہلے سے دس سال ادھر عبداللہ بیگ خاں

کے گھر ایک بیٹے نے جنم لیا۔ بچے کا نام رکھا گیا اسداللہ خاں۔ پیار کا نام نوشہ۔ نوشہ فارسی میں دولہا کو ہی کہتے ہیں۔ ۲۷ دسمبر ۱۷۹۷ء کو پیدا ہوئے اس لڑکے کے بارے میں تب کون کہہ سکتا تھا کہ یہی نوشہ ایک دن ادب کی دلہن کا نوشہ بن جائے گا، کیونکہ ترکوں کا یہ قاعدہ تھا کہ باپ کے مرنے پر بیٹے کو تلوار کے سوا اور کچھ نہ ملتا تھا۔ خود نوشہ کے چچا کی زندگی تک خاندان کے کسی مرد کے ہاتھ سے تلوار کبھی نہیں چھوٹی تھی۔ آخر ترک بچے تھے۔

مرزا نوشہ ابھی پانچ برس کا تھا جب باپ کا، اور نو برس کا تھا جب چچا کا سایہ اس کے سر سے اُٹھ گیا۔ پرورش ننہال میں ہوئی۔ کھاتا پیتا گھر تھا۔ نانا اور نانی کا پیار بھی بہت ملتا تھا اور پھر سات سو روپیہ سالانہ کی سرکاری پینشن بھی تھی۔ نوشہ میاں نے لڑکپن میں ہی کئی خراب عادتوں کو گلے لگا لیا۔ خوب پتنگ بازی ہوئی۔ راجہ بلوان سنگھ سے پتنگ لڑایا کرتے۔ بڑی حویلی کے دروازے کی سنگین بارہ دری پر دوستوں کی بیٹھک ہوتی۔ شطرنج اور چوسر کھیلنے کی عادت ایسی کہ آدھی آدھی رات گذر جاتی چوسر بازی بد کر کھیلی جاتی۔ سارا سارا دن آوارگی اور بدمستی میں گذر جاتا۔ آٹھ نو برس کی عمر میں تک بندی کرنی شروع کر دی اور گیارہ برس کی عمر میں شعر کہنا شروع کر دیا۔ بگڑا ہوا لڑکپن نوشہ میاں کو کہیں کا نہ چھوڑتا اگر قلم اس کا ایمان نہ ہو جاتی۔

بسم اللہ

مرزا اسداللہ عرف نوشہ نے پڑھائی کی "بسم اللہ" کی۔ کیسر کی پیالی میں چاندی کا قلم ڈبو کر چاندی کی تختی پر مولوی صاحب نے مرزا اسد سے لکھوایا۔ "بسم اللہ"

باپ اور چچا نے یا تو مرزا اسد کو اپنی تلوار نہیں دی یا پھر انہوں نے ان کی تلوار کو ہی قلم بنا لیا۔ یا یہ بھی ہو سکتا ہے کہ انہوں نے تلوار لینے سے انکار کر دیا ہوا ور قلم کو تلوار سے زیادہ طاقت ور مانا ہو۔ سبب کچھ بھی رہا ہو اس ترک بچے نے قلم کے وہ جوہر دکھائے کہ کوئی تلوار سے کیا دکھائے گا۔ کیسر کی خوشبو مرزا اسد کے قلم میں اس طرح رَچ بس گئی کہ ان کی تمام زندگی میں ان کے قلم سے نکلا ایک ایک لفظ کیسر کی خوشبو سے بھر گیا۔

مرزا اسد شیخ معظم سے تعلیم پانے لگے۔ اس کے بعد عبدالصمد نام کا ایک پارسی شخص آگرہ آیا جو دو برس تک، پہلے آگرے میں اور پھر دتی میں مرزا اسد کے پاس رہا۔ مرزا اسد نے اس سے فارسی زبان سیکھی۔ لیکن مکتب جانا اور پڑھنا لکھنا دس بارہ برس کی عمر سے پہلے ہی چھوڑ دیا۔ ماں بھی ناراض

ہوئیں اور ماموں بھی، مگر مرزا اسد نے ایک بار جو مدرسہ چھوڑا تو پھر اُدھر کا رُخ ہی نہیں کیا۔ مکتب کی پڑھائی ان کے لیے نہیں تھی۔ جو کچھ پڑھا، سیکھا، سمجھا اپنی خود کی تلاش اور محنت سے۔ مرزا اسد اگر مولوی سے نہیں پڑھے تو کچھ بُرا نہیں ہوا۔ زیادہ سے زیادہ یہی ہوتا کہ وہ مولوی بن جاتے یا فوجی افسر۔ لیکن تب ادب کی دنیا کو غالب کہاں سے ملتا؟

پاؤں میں بیڑی

۱۹ر اگست، ۱۸۱۵ء کو مرزا اسد کے پاؤں میں بیڑی ڈال دی گئی۔ دلّی شہر کو عمر قید کے لیے جیل مقرر کر دیا گیا۔ مطلب یہ کہ مرزا اسد کی شادی کر دی گئی۔ سسرال دلّی میں تھی۔ پاؤں کی بیڑی کا نام تھا امراؤ جان۔ امراؤ بیگم ۱۷۹۹ء دہلی کے ایک شریف اور با اقبال گھرانے میں پیدا ہوئی۔ اس کی پرورش نازو نعمت کے عالم میں ہوئی۔ گیارہ برس کی عمر میں بیاہ ہوا۔ دولہا اسد اللہ خاں بیگ اس سے عمر میں دو برس بڑا تھا۔ خیال تھا کہ امراؤ بیگم کا امیرانہ ٹھاٹھ سسرال میں قایم رہے گا لیکن چوبیس پچیس برس کی عمر کو پہنچنے کے بعد اس نے بے فکری کے دن نہ دیکھے۔ حالات بد سے بدتر ہوتے گئے۔ شوہر کی طرف سے تو کوئی آرام قسمت میں نہ تھا اولاد کی خوشی بھی نصیب نہ ہوئی۔ سات بچے ہوئے مگر کسی کی عمر برس دو برس سے زیادہ نہ ہوئی۔ بڑھاپے میں بیوگی کا صدمہ دیکھنا پڑا۔ سر پر آخر عمر میں شوہر کے انتقال کے وقت آٹھ سو روپے قرض تھا۔ ۱۸۷۵ء میں دنیا سے رخصت ہوئیں۔ بیوی پرہیز گار، شوہر رند مشرب۔ بیوی کی طبیعت میں سنجیدگی، شوہر کو ہنسی، دل لگی اور چھیڑ چھاڑ کا چسکا۔ گھر میں فاقہ مستی۔ چھوٹی چھوٹی باتوں میں دونوں میں جھڑپ ہو جاتی۔ مرزا اسد اپنے چھوٹے بھائی مرزا یوسف خاں کے ساتھ آگرہ، اپنی ننہال میں اپنی شادی کے بعد تک رہے۔ حالانکہ انھوں نے سات برس کی عمر سے دلّی آنا جانا شروع کر دیا تھا۔ بعد میں جب مرزا اسد نے دلّی کو اپنا گھر کیا تو قریب پچاس برس تک دلّی میں ہی رہے۔ انتقال بھی دلّی میں ہی ہوا۔

دلّی میں مرزا اسد اللہ خاں غالب ہمیشہ کرائے کے مکان میں ہی رہے۔ مگر قاسم جان کی گلی یا حبش خاں کے پھاٹک اور اس کے آس پاس کے علاقے میں ہی رہے۔ جس مکان میں انتقال ہوا حکیم محمود خاں مرحوم کے دیوان خانے سے لگی مسجد کے عقب میں تھا۔

جس طرح مرزا غالب نے رہنے کے لیے تمام عمر مکان نہیں خریدا اسی طرح پڑھنے کے لیے

بھی کبھی کوئی کتاب نہیں خریدی ۔ ہمیشہ کرائے پر کتابیں منگواتے رہے ۔ لیکن پڑھتے بہت تھے ۔

سفر

مرزا غالب نے اپنی زندگی میں کوئی زیادہ سفر نہیں کیا۔ کلکتہ ضرور جانا ہوا۔ آتے جاتے راستے میں کچھ ماہ لکھنؤ اور بنارس میں ٹھہرنا ہوا۔ کلکتے کا سفر بھی مجبوری تھی ۔ ایک طرف جوانی کا عالم، دوسری طرف شادی کے بعد ضرورتوں کا بڑھ جانا۔ گھر میں جو کچھ تھا کچھ ہی دنوں میں سب کچھ خرچ ہو گیا اوپر سے چھوٹے بھائی پر پاگل پن کا حملہ ۔ ضرورتوں نے سخت پریشان کر دیا۔ سر پر قرض کا بوجھ، گھبراہٹ میں اور کچھ نہ سوجھا تو کلکتہ جا کر پینشن کے بارے میں درخواست کرنے کا ارادہ بنالیا۔ خیال تھا کہ سرکار نے جو پینشن مقرر کر رکھی ہے، ریاست پوری نہیں دیتی۔ تب عمر تقریباً چالیس برس کی تھی جب لکھنؤ ہوتے ہوئے مرزا کلکتہ پہنچے۔ امیدوں کے سہارے دو برس کلکتہ میں رہے لیکن ناکامی کے سوا کچھ ہاتھ نہ آیا۔ مایوس ہو کر مرزا غالب نے ولایت میں اپیل کی مگر وہاں بھی کچھ نہ ہوا ۔

جب مرزا صاحب دلی سے کلکتہ چلے تھے تو راہ میں کہیں ٹھہرنے کا ان کا ارادہ نہیں تھا۔ لیکن لکھنؤ میں کچھ لوگ مدّت سے چاہتے تھے کہ مرزا صاحب ایک بار لکھنؤ آئیں ۔ کانپور پہنچ کر ان لوگوں کا خیال آیا اور مرزا غالب لکھنؤ پہنچ گئے۔ لیکن زیادہ دن وہاں ٹھہرے نہیں ۔ دوست چاہتے تھے کہ مرزا صاحب سلطنت کے نائب روشن الدولہ سے ملیں ۔ مرزا غالب نے ملاقات سے پہلے دو شرطیں پیش کیں۔ پہلی یہ کہ نائب مرزا کی تعظیم دے ۔ دوسری یہ کہ مرزا کو نذر سے معاف رکھا جائے ۔ شرطیں منظور نہیں ہوئیں اور مرزا غالب روشن الدولہ سے ملے بغیر کلکتہ روانہ ہو گئے ۔

سرکاری ملازمت نہیں

مرزا غالب کی مالی حالت بہت پتلی تھی ۔ کلکتہ سے بھی مایوس لوٹے تھے ۔ پیسوں کی بہت ضرورت تھی ۔ اس زمانے میں دہلی کالج میں فارسی پڑھانے کے لیے ایک بڑے استاد کی ضرورت تھی۔ مسٹر ٹامسن نے مرزا اسد اللہ خاں غالب کو بلوایا ۔ مرزا غالب پالکی پر سوار ہو کر سکریٹری مسٹر ٹامسن کے ڈیرے پر پہنچے ٹامسن کو غالب کے پہنچنے کی خبر دی گئی ۔ اس نے فوراً غالب کو بلالیا۔ مگر یہ پالکی سے اتر کر اس انتظار میں کھڑے رہے کہ سکریٹری ان کو لینے کو آئے گا۔ جب بہت دیر ہو گئی تو ٹامسن خود باہر آیا اور مرزا صاحب سے بولا کہ اگر آپ گورنر کے دربار میں آتے تو آپ کا استقبال ہوتا مگر ابھی تو آپ نوکری کے لیے آئے ہیں۔ سن کر

مرزا صاحب بولے۔ سرکاری ملازمت کا ارادہ یہ سوچ کر کیا تھا کہ اس سے عزت بڑھے گی لیکن دیکھتا ہوں کہ یہاں تو اب تک کی عزت میں بھی فرق آ رہا ہے۔ اتنا کہہ کر مرزا غالب لوٹ آئے۔

جیل میں

مرزا غالب چوسر کھیلنے کی اپنی عادت کے سبب ایک بار بڑی مشکل میں پھنس گئے۔ کوتوال دشمن تھا اور مجسٹریٹ ناواقف۔ یا یہ کہ ستارہ گردش میں تھا۔ بازی بد کر چوسر کھیلنے کے الزام میں شہر کے کوتوال نے دھر لیا۔ عدالت نے چھ ماہ کی قید کا حکم دے دیا جو صدر میں اپیل پر بھی بحال رہا تین ماہ کے بعد پھر نہ جانے کیا ہوا کہ رہائی کا حکم ہو گیا۔ قید خانے میں کوئی تکلیف نہیں تھی۔ کھانا کپڑا گھر سے پہنچتا۔ دوست ملنے جاتے۔ قید کیا۔ جیل خانے میں نظر بندی تھی۔ لیکن مرزا غالب کو اس طرح بے آبرو ہونے کا بہت دکھ ہوا۔

بادشاہ کی خدمت

جیل سے رہائی کے بعد مرزا غالب اپنے دوست میاں کالے صاحب کے مکان میں رہے ان ہی کی سفارش پر بادشاہ بہادر شاہ ظفر نے مرزا کو تیمور خاندان کی تاریخ فارسی میں لکھنے کا کام سپرد کیا۔ تنخواہ پچاس روپیہ ماہوار مقرر ہوئی۔ بادشاہ کے استاد ذوق کا انتقال ہو جانے پر بادشاہ کے اشعار کی اصلاح کا کام بھی مرزا غالب کے سپرد ہوا۔ کچھ دن آرام سے گذرے۔ لیکن ابھی اور خراب دن مرزا غالب کو دیکھنے تھے۔

فتح دلّی

غدر کے زمانے میں مرزا غالب نے خود کو گھر میں قید کر لیا۔ غدر کے حالات لکھنے شروع کیے۔ فتح دلّی کے بعد لوٹ کھسوٹ کا بازار گرم ہو گیا۔ مسلمانوں سے شہر خالی ہو گیا۔ دلی نے اپنی آنکھوں سے تباہی کے وہ منظر دیکھے کہ خدا کی پناہ۔ بادشاہ کو قید کر لیا گیا۔ مرزا غالب کا سب کچھ لٹ گیا۔ قلعے کے تعلق کے سبب سرکاری پینشن بند ہو گئی۔ قلعے کی تنخواہ کا سلسلہ ختم ہو گیا۔ کپڑے بیچ بیچ کر دن کٹنے لگے۔ مرزا غالب کا چھوٹا بھائی بھی انہیں دنوں مرا۔ تب نہ تو کفن کے لیے بازار سے کپڑا ہی مل سکتا تھا نہ ہی شہر سے قبرستان تک جانا ممکن تھا۔ ہمسایوں نے مرزا غالب کے گھر سے دو سفید چادریں لیں اور کسی طرح مرزا یوسف کے مکان پر پہنچے۔ مکان کے قریب کی مسجد کے صحن میں مرزا یوسف کو دفن کیا گیا۔ یوسف دیوانگی کی حالت

میں ہی مرا۔
غدر کے بعد دو برس تک مرزا غالب کا یہی حال رہا۔ پھر رئیس رامپور نواب یوسف علی خاں نے سو رُوپیہ ماہوار مرزا غالب کے واسطے مقرر کر دیا۔ اور غدر کے تین برس بعد پنشن بھی جاری ہوگئی۔

کیسا انسان ؟

مرزا سے جو شخص ایک بار مل لیتا تھا، ہمیشہ ملنے کا خواہش مند رہتا تھا۔ دوستوں کو دیکھ کر باغ باغ ہو جاتے۔ ان کی خوشی سے خوش اور ان کے غم سے غمگین ہوتے۔ دوسرے کے خط کا جواب دینا اپنا فرض سمجھتے۔ مروت اور لحاظ مرزا غالب کی خاصیت تھی۔ آمدنی قلیل تھی مگر دل بہت بڑا تھا۔ مانگنے والا دروازے سے خالی ہاتھ کم ہی جاتا تھا۔ گردشِ روزگار کے شکار دوستوں کے ساتھ ہمدردی کا سلوک کرتے۔ چاہتے کہ اگر تمام عالم میں نہیں تو کم از کم جس شہر میں خود رہیں اس شہر میں تو کوئی بھوکا ننگا نظر نہ آئے۔ حافظہ بڑا تیز تھا۔ شعر فہمی اور کتاب فہمی میں لاجواب تھے۔ ایک سرسری نظر میں مشکل سے مشکل مضمون کی تہ کو پہنچ جاتے۔ خوددار بہت تھے۔ جو ان کے مکان پر نہ آتا اس کے مکان پر وہ کبھی نہ جاتے چاہے وُہ کتنا بڑا آدمی کیوں نہ ہو۔ بازار میں کبھی پالکی کے بغیر نہ نکلتے۔ ایک وقت بھی گوشت کے بغیر نہیں رہ سکتے تھے۔ آم انہیں بہت بھاتے تھے۔ سوتے وقت کسی قدر پینے کی عادت تھی۔ مگر جو مقدار انہوں نے اپنے لیے مقرر کر لی تھی اس سے زیادہ کبھی نہیں پیتے تھے۔ سُرور کے عالم میں بڑی پُرلطف باتیں کرتے۔ جب تک کوئی شعر دل کو نہ چھوتا ٹس سے مس نہ ہوتے۔ اچھے شعر کی تعریف بہت زیادہ کرتے۔ ٹھیک اعتراض کو فوراً تسلیم کر لیتے۔ شوخی اور ظرافت ان کی گھٹی میں پڑی تھی۔ آخر عمر میں موت کی آرزو بہت کرتے تھے۔ مرنے سے کئی برس پہلے چلنا پھرنا بند ہو گیا تھا۔ زیادہ تر پلنگ پر پڑے رہتے۔ مرنے سے چند روز پہلے بیہوشی طاری ہو گئی تھی۔ پہر پہر دو دو پہر کے بعد چند منٹ کے لیے کچھ ہوش آتا۔ ۱۵ فروری ۱۸۶۹ء کو دنیا سے رحلت کی۔ مرزا غالب کی عمر کا چراغ بجھ گیا۔ لیکن غالب آج بھی زندہ ہے۔ ہمیشہ زندہ رہے گا۔

تصانیف

مرزا غالب کی تصنیف و تالیف کی ہوئی زیادہ معروف کتابیں ہیں :-

۱. دیوانِ فارسی :- اس میں قریب دس ہزار شعر ہیں۔
۲. دیوانِ ریختہ :- یہ اردو دیوان بہت مختصر ہے۔
۳. مہر نیم روز :- تاریخ خاندان تیموریہ (ہمایوں شاہ سے تا بہ عہد بہادر شاہ)
۴. دستنبو :- ایام غدر ۱۸۵۷ء کی تباہی اور اپنی بربادی کا حال
۵. پنج آہنگ :- خطوط، دیباچے وغیرہ
۶. اردوئے معلیٰ :- اردو زبان کے رقعات
۷. قاطع برہان :- کتاب برہان قاطع کی غلطیاں شایع کی ہیں۔

غالب کے طرفدار نہیں

غالب نے ایک بار بہادر شاہ کو خطاب کر کے اپنے کلام کے بارے میں کہا تھا:- شاہجہاں کے عہد میں کلیم شاعر سونے چاندی میں تولا گیا تھا، مگر میں صرف اتنا چاہتا ہوں کہ اور کچھ نہیں تو میرا کلام ہی ایک بار کلیم کے کلام کے ساتھ تول دیا جائے۔ یہ خود ستائی نہیں، خود شناسی ہے۔ حالانکہ غالب کے زمانے نے ان کی کچھ کم قدر نہیں کی۔ مگر ان کے مرتبے کو دیکھتے ہوئے کہنا ہوگا کہ ان کے زمانے کی قدر دانی اس پیرزال کی قدر دانی تھی جو ایک سوت کی انٹی لے کر یوسف کو خریدنے کے لیے مصر کے بازار میں آئی تھی۔

غالب نے جن دنوں شعر کہنا ابھی شروع ہی کیا تھا یہ انہی دنوں کی بات ہے۔ ایک بار فارسی میں انہوں نے ایک غزل کہی اور اپنے استاد شیخ معظم کو سنائی۔ اُستاد نے ردیف کو مہمل بتایا۔ مرزا خاموش ہو رہے۔ لیکن ایک روز ظہوری کے کلام میں ایک شعر انہیں ایسا مل گیا جس کے آخر میں وہی لفظ اسی معنی میں آیا تھا جس میں غالب نے اسے لکھا تھا۔ وہ کتاب لے کر دوڑے ہوئے اُستاد کے پاس گئے اور وہ شعر دکھایا۔ شیخ معظم دیکھ کر حیران ہو گئے اور کہا تم ضرور شعر کہو اور کسی کے اعتراض کی پرواہ نہ کرو۔

ایک بار ایک نواب صاحب دلّی سے لکھنؤ گئے تو غالب کی ایک غزل ساتھ لے گئے (تب غالب کی عمر تیرہ برس سے کم ہی تھی) اور انہوں نے وہ غزل میر تقی میر کو دکھائی۔ میرؔ نے غزل دیکھ کر کہا:- اگر اس لڑکے کو کوئی اچھا اُستاد مل گیا اور اس کو اس نے سیدھے راستے پر ڈال دیا تو لاجواب شاعر بنے گا۔ نہیں تو مہمل بکنے لگا۔

غالب نے کوئی اُستاد تو نہیں کیا لیکن اپنی لگن اور محنت سے فارسی اور اردو کی شاعری اور نثر میں

ہمیشہ ہمیشہ کے لیے لاجواب مقام بنا لیا۔ لیک پر چلنا بڑے لوگوں کا کام نہیں

غالب کو اپنے کلام میں ہی نہیں بلکہ مرنے اور جینے میں بھی عام روش پر چلنا پسند نہ تھا۔ مرنے سے سات آٹھ سال پہلے انہوں نے اپنی موت کی تاریخ اور سال نکالا تھا۔ اسی سال شہر میں وبا آئی۔ مگر مرزا بچ گئے بعد میں انہوں نے ایک خط میں اس بارے میں لکھا۔ مجھے اس سن میں مرنا تھا۔ مگر میں نے عام وبا میں مرنا اپنے لائق نہ سمجھا۔ یہ میری شان کے خلاف تھا۔

غالب ہماری زبان کے ان خوش نصیب شاعروں میں سے ہے جن کی تصانیف ان کی زندگی میں کئی بار شایع ہوئیں۔ غالب پر اب تک جتنی کتابیں لکھی گئیں۔ اردو زبان کے کسی اور مصنف یا شاعر پر نہیں لکھی گئیں۔ غالب کے سلسلے میں بہت کام ہوا ہے، لیکن ابھی بہت کام باقی ہے۔ اس کی زندگی کے حالات ابھی مکمل طور پر نہیں لکھے گئے۔ اس کے عہد طفلی اور شباب کے حالات بہت کم ملتے ہیں۔ اس کی زندگی کے بہت سے گوشے ابھی تاریکی میں ہیں "پنج آہنگ" میں موجود خطوط کی تعداد زیادہ نہیں۔ غالب کی تصویریں بھی زیادہ نہیں ہیں۔ اسکی ادبی اور علمی زندگی کے مختلف پہلوؤں پر روشنی ڈالنے کی ضرورت ہے۔ اس کی غیر مطبوعہ تحریروں کی تلاش ابھی کی جانی ہے۔ لیکن ان کی جو تحریریں اب تک شایع ہو چکی ہیں ان میں سے 'دیوان غالب' بہت مشہور ہے۔

یہاں نمونے کے طور پر مرزا کے کلام میں سے کچھ اشعار لکھے جاتے ہیں۔

لاکھوں لگاؤ ایک چرانا نگاہ کا لاکھوں بناؤ ایک بگڑنا عتاب میں

شعر کا مطلب یہ ہے کہ دوست کی لاکھوں لگاوٹیں ایک طرف، اور ایک نگاہ کا چرانا ایک طرف، اور اس کے لاکھوں بناؤ سنگار ایک طرف، اور ایک عتاب میں بگڑنا ایک طرف۔
شعر مرزا کے تمام کلام کی طرح اچھوتا اور نرالا ہے۔

(۲)

دونوں جہاں دے کے وہ سمجھے یہ خوش رہا
یہاں آ پڑی یہ شرم کہ تکرار کیا کریں

(۳)

وعدہ آنے کا وفا کیجئے یہ کیا انداز ہے
تم نے کیوں سونپی ہے میرے گھر کی دربانی مجھے
(آنے کا وعدہ ہے۔ اس انتظار میں گھر سے نکل نہیں سکتا۔ اسے کہنا کہ تم نے مجھے میرے گھر کی دربانی کا کام دے دیا ہے' بالکل نئی بات ہے)

(۴)

نکلنا خلد سے آدم کا سنتے آئے ہیں لیکن
بہت بے آبرو ہو کر ترے کوچے سے ہم نکلے
(آدم سے بھی زیادہ بے آبروئی کے ساتھ نکلنا ثابت کیا گیا ہے)

(۵)

جسے نصیب ہو روز سیاہ میرا سا
وہ شخص دن نہ کہے رات کو تو کیونکر ہو
(اس دن کی سیاہی کیسی ہو گی جس کے آگے رات بھی دن معلوم ہو)

(۶)

غم دنیا سے گر پائی بھی فرصت سر اٹھانے کی
فلک کا دیکھنا تقریب تیرے یاد آنے کی
(کسی بھی حالت میں غم سے نجات نہیں)

(۷)

پاتا ہوں اس سے داد کچھ اپنے کلام کی
رُوح القدس اگرچہ مرا ہم زباں نہیں
(جیسی میری زبان ہے ویسی فرشتے کی نہیں)

(۸)

پاتے نہیں جب راہ تو چڑھ جاتے ہیں نالے
رُکتی ہے مری طبع تو ہوتی ہے رواں اور
(مصیبت اور رنج میں میری شاعری اور بھی نکھرتی ہے)

(۹)

پکڑے جاتے ہیں فرشتوں کے لکھے پر ناحق
آدمی کوئی ہمارا دم تحریر بھی تھا
(ہمارے جرم کے ثبوت میں کسی کی شہادت ضروری ہے، صرف فرشتوں کا لکھنا کافی نہیں)

(۱۰)

کیا وہ نمرود کی خدائی تھی؟
بندگی میں مرا بھلا نہ ہوا
(کیا میری بندگی نمرود کی خدائی تھی جو اس سے مجھے نقصان ہی ہوا)

مرزا غالب نے اردو نثر میں بھی اپنا کمال دکھایا۔ ان کے خطوط اردو ادب کا قیمتی سرمایہ ہیں۔ نہ تو غالب سے پہلے اور نہ ہی غالب کے بعد کسی نے خط وکتابت میں غالب کا رنگ اختیار کیا۔ ان سے پہلے تو کوئی کیا کرتا لیکن ان کے بعد بھی کسی سے اس کی پوری پوری تقلید ہو سکی۔ ان کا طریقہ ایسا ہے جیسے دو آدمی بات چیت یا سوال جواب کرتے ہیں۔ غالب کی شوخی تحریر ان خطوط کی دولت ہے۔

یہاں کچھ نمونے پیش کیے جاتے ہیں:۔

میر مہدی کو ایک خط میں لکھتے ہیں:۔ میر مہدی! جیتے رہو... اردو عبارت لکھنے کا کیا اچھا ڈھنگ پیدا کیا ہے کہ مجھ کو رشک آنے لگا۔ سنو۔ دلی کی تمام مال ومتاع وزر وگوہر کی لوٹ پنجاب احاطے میں گئی ہے۔ یہ طرز عبارت خاص میری دولت تھی۔ سو ایک ظالم پانی پت انفاریوں کے محلے کا رہنے والا لوٹ لے گیا.....

غالب نے ایک دوست کو دسمبر ۱۸۵۸ء کی آخیر تاریخوں میں خط لکھا۔ اس نے اس کا جواب جنوری ۱۸۵۹ء کی پہلی یا دوسری کو لکھ بھیجا۔ جواب میں غالب لکھتے ہیں۔ دیکھو صاحب یہ باتیں ہم کو پسند نہیں! ۱۸۵۸ء کے خط کا جواب ۱۸۵۹ء میں بھیجتے ہو! اور مزا یہ کہ جب تم سے کہا جائے گا تو یہ کہو گے کہ میں نے دوسرے ہی دن جواب لکھا ہے۔

ایک دوست کو رمضان میں خط لکھا ہے۔ لکھتے ہیں۔ دھوپ بہت تیز ہے۔ روزہ رکھتا ہوں مگر روزے کو بہلاتا رہتا ہوں۔ کبھی پانی پی لیا، کبھی حقہ پی لیا، کبھی کوئی ٹکڑا روٹی کا بھی کھا لیا۔ یہاں کے لوگ عجب فہم رکھتے ہیں، میں تو روزہ بہلاتا ہوں اور یہ صاحب فرماتے ہیں کہ روزہ نہیں رکھتا۔ یہ نہیں سمجھتے کہ روزہ رکھنا اور چیز ہے! اور روزہ بہلانا اور بات ہے۔

ایک خط میں برسات کی شدّت کا ذکر کرتے ہوئے لکھتے ہیں۔ دیوان خانے کا حال محل سرائے سے بہتر ہے۔ میں مرنے سے نہیں ڈرتا، فقدانِ راحت سے گھبرا گیا ہوں۔ چھت چھلنی ہوگئی ہے، ابر دو گھنٹے برسے تو چھت چار گھنٹے برستی ہے۔

ایک خط میں لکھتے ہیں "میری وہ پھپھی، کہ میں نے بچپن سے آج تک اس کو ماں سمجھا تھا اور وہ بھی مجھ کو بیٹا سمجھتی تھی، مرگئی۔ آپ کو معلوم رہے کہ پرسوں میرے گویا نو آدمی مرے، تین پھپھیاں، اور تین چچا، اور ایک باپ، اور ایک دادی، اور ایک دادا یعنی اس مرحومہ کے ہونے سے میں جانتا تھا کہ یہ نو آدمی زندہ ہیں اور اس کے مرنے سے میں نے جانا کہ یہ نو آدمی آج ایک بار مرگئے۔

مرزا قربان علی بیگ سالک کو ایک خط میں لکھتے ہیں "یہاں خدا سے بھی توقع نہیں، مخلوق کا کیا ذکر۔ کچھ بن نہیں آتی، اپنا آپ تماشائی بن گیا ہوں۔ رنج و ذلت سے خوش ہوتا ہوں، یعنی میں نے اپنے کو اپنا غیر تصور کرلیا ہے۔ جو دکھ مجھے پہنچتا ہے کہتا ہوں کہ لو غالب کو ایک اور جوتی لگی۔ بہت اتراتا تھا کہ میں بڑا شاعر اور فارسی داں ہوں، آج دُور دُور تک میرا جواب نہیں۔ لے اب تو قرض دار وں کو جواب دے۔

حدیثِ دیگراں

حضرت سید غوث علی شاہ (تیرھویں صدی میں سلسلہ قادریہ کا ایک مشہور بزرگ) ایک روز مرزا نوشہ کے مکان پر گئے۔ بنہایت حسن اخلاق سے ملے۔ لب فرش تک آن کرلے گئے۔ تمام حال دریافت کیا۔ ہم نے کہا کہ مرزا صاحب ہم کو آپ کی ایک غزل بہت پسند ہے۔ خاص طور پر یہ شعر ؎

تو نہ قاتل ہو کوئی اور ہی ہو،
تیرے کوچے کی شہادت ہی سہی

مرزا نے کہا جو شعر آپ سنا رہے ہیں وہ تو میرا نہیں، لیکن اس زمین پر میری ایک غزل ہے:۔

عشق مجھکو نہیں وحشت ہی سہی
میری وحشت تیری شہرت ہی سہی

شیخ محمد ریاض الدین امجد کا ایک سفر نامہ ہے "سیر دہلی" ریاض نے غالب سے اپنی ملاقات کا حال بیان کیا ہے:۔ ۲۶ر جولائی ۱۸۶۰ء کو صبح جب اٹھا۔ دہلی کے قلعہ سے اکبر آبادی دروازے پہنچا وہاں سے کلکتہ دروازہ سے نکل کر سرن داس کے باغیچہ کے نیچے سے ہوکر نئے پل کے اوپر پہنچا... بعد اس کے ہوا کھاتا ہوا بادل پورہ گیا۔ پھر منصور علی خاں کی حویلی سے ہوتا ہوا بیگم باغ میں آیا۔ وہاں سے خواص پورہ میں پہنچا۔ وہاں سے سرائے میں آیا۔ پھر چاندنی چوک میں ہوتا ہوا بلی ماران میں ہوکر شیر افگن خاں کی بارہ دری میں گیا۔ مرزا کی ملاقات سے شرف یاب سعادت ہوا.... قد دراز، اکبر آباد کے سارے انداز، کترے ہوئے کچھ سیاہ کچھ سفید ڈاڑھی کے بال، گورے چٹے خوب صورت بدرجہ کمال .... دل میں کہا کہ کیسے کیسے فاضل اجل، شاعر بے بدل اس شہر میں

ہوتے گئے اور خلوت کدے میں سوتے گئے، اب صرف مرزا کا دم ہے سو خدا قائم رکھے، اس شہر میں دائم سکھے۔

خواجہ عزیزالدین عزیز لکھنوی (لکھنؤ کے آخر دور کا بڑا باکمال شاعر) نے کشمیر کے ایک سفر کے دوران میں دہلی میں مرزا غالب سے ملاقات کی۔ اس سفر کی یادگار ایک نہایت خوبصورت فارسی مثنوی کے علاوہ اردو نثر کی ایک عبارت بھی ہے:۔ ایک مرتبہ ہم لکھنؤ سے کشمیر جارہے تھے۔ اتفاق سے کچھ دیر کے لیے دہلی اتر پڑے، سرائے میں قیام کیا پھر اسٹیشن پر جانے کے لیے اڈگڑے سے بگھی منگوائی، ابھی بگھی آئی تھی کہ یکایک ہم کو خیال ہوا کہ حسنِ اتفاق سے دہلی آنا ہوا ہے تو مرزا غالب سے بھی ملاقات کر لینی چاہیے۔ فوراً بلی ماروں کا محلہ دریافت کرکے جانے کو مستعد ہوئے، کچھ دور چل کر لوگوں سے پتہ دریافت کیا، اتنے میں ایک صاحب ملاقاتی مل گئے، خیریت پوچھنے کے بعد کہنے لگے چلئے میں مرزا صاحب سے ملاقات کرادوں۔

مرزا صاحب کا مکان پختہ تھا، ایک بڑا پھاٹک تھا جس کے بغل میں ایک کمرا اور کمرے میں ایک چارپائی بچھی ہوئی تھی، اس پر ایک نحیف الجثہ آدمی، گندمی رنگ، استی بیاسی برس کا ضعیف العمر لیٹا ہوا ایک مجلد کتاب سینے پر رکھے ہوئے، آنکھیں گڑائے ہوئے پڑھ رہا تھا۔ یہ مرزا غالب تھے۔

ہم نے سلام کیا لیکن بہرے اس قدر تھے کہ ان کے کان تک آواز نہ گئی، آخر کھڑے کھڑے واپس آنے کا قصد کیا تھا کہ غالب نے چارپائی کی پٹی کے سہارے سے کروٹ بدلی اور ہماری طرف دیکھا، ہم نے سلام کیا، بمشکل چارپائی سے اتر کر فرش پر بیٹھے، ہم کو اپنے پاس بٹھایا، قلم دان اور کاغذ سامنے رکھ دیا اور کہا:۔ آنکھوں سے کسی قدر سوجھتا بھی ہے لیکن کانوں سے بالکل سنائی نہیں دیتا، جو کچھ میں پوچھوں اس کا جواب لکھ کر دو۔

میر صفیر بلگرامی کا بیان دہلی جانے اور حضرت غالب سے شاگردی کا خلعت پانے کے بارے میں:۔ ۱۲۸۰ھ ہجری میں بندہ سید فرزند احمد صفیر اپنی دوسری شادی کے واسطے بلگرام گیا اور بعد میں شادی کے اپنے نانا صاحب عالم صاحب سجادہ نشین مارہرہ ضلع ایٹہ کی خدمت میں حاضر ہوا ..... جب مارہرے پہنچا اور نانا صاحب کی خدمت سے فیض یاب ہوا، وہاں حضرت غالب کا چرچا اور ان کا ذکر بہت پایا، نانا صاحب سے اور ان سے ایک ربط خاص تھا، مگر لطف یہ ہے کہ ملاقات کی

نوبت عمر بھر نہ آئی۔ میں نے خواہش کی کہ حضرت غالبؔ کا شاگرد ہوں .... اس وقت سے خط و کتابت رہی، یہاں تک کہ حضرت کے اشتیاق نے ______ بے اختیار مجھے آرے سے دہلی چلنے کی تحریک اور بے شان گمان مارہرے پہنچا اور وہاں سے اپنے منجھلے ماموں حضرت شاہ عالم کے ساتھ مع چند ملازموں کے روانہ دہلی ہوا۔ آموں کا موسم تھا۔ نانا صاحب نے اپنے باغ کے آم ایک ٹوکرا بھر کے قریب دو ہزار کے میرے ساتھ کر دیے، میں علی گڈھ سے دہلی روانہ ہوا۔ دس بجے شب کو دہلی پہنچا شب جمنا پار لال قلعے کے نیچے بسر کی۔ صبح کو جامع مسجد کو باہر سے دیکھتا ہوا بلی ماراں میں حضرت غالبؔ کے پاس پہنچا۔ حضرت برآمدے میں بیٹھے کلی پی رہے تھے۔ ماموں صاحب بھی حاضر ہوئے۔ دیکھ کر بشاش ہو گئے اس کے بعد سامنے موجود ہوا پوچھا یہ کون ہے عرض کیا صفیر، ماموں صاحب نے کہا میرا بھانجا، بولے ذرا ٹھہریے، یہ کہہ کر بڑی مشکل سے ہاتھوں کو زمین پر ٹیک کر اٹھے اور بغل گیر ہوئے اور برآمدے سے اندر آکر بیٹھے، گرمی کے دن تھے۔ صفر کا مہینہ تھا حضرت کا لباس اس وقت یہ تھا۔ پاجامہ سیاہ بوٹے دار دریس کا کلی دار، سینہ سرخ تول کا، بدن میں مرزائی سر کھلا ہوا، رنگ سرخ سفید، منہ پر داڑھی دو انگل کی، آنکھیں بڑی، کان بڑے، قد لمبا، ولایتی صورت، پاؤں کی انگلیاں بہ سبب کثرت شرب کے موٹی ہو کر اینٹھ گئی تھیں اور یہی سبب تھا

کہ اٹھنے میں دقت ہوتی تھی، آنکھوں میں نور موجود تھا، کان کی سماعت میں کچھ ثقل آچلا تھا۔

.... دوپہر قریب ہوئی تو حضرت اٹھے اور مجھے اور میرے ماموں کو اپنا تمام مکان دکھایا.... چھت بہت بڑی تھی اور اس کے کونے پر ایک کمرا گلی کے رُخ بنا ہوا تھا۔

فرمایا یہاں آدھی رات تک دھوپ رہتی ہے۔ یہ کہہ کر ہنسے اور بولے آپ سمجھے۔ میں نے کہا سمجھا یعنی گرمی کے دن میں دہلی کی گرمی اور دھوپ سے در و دیوار اس قدر جلتے ہیں کہ آدھی رات تک ان کی گرمی فرو ہوتی ہے۔

..... ایک دن دہلی اور لکھنؤ کی زبان کا ذکر آگیا، فرمایا، میاں اگر مجھ سے پوچھتے ہو تو زبان کو زبان کر دکھایا تو لکھنؤ نے اور لکھنؤ میں ناسخ نے ورنہ بولنے کو کون نہیں بول لیتا۔ اب جس کا جی چاہے تراش خراش روز کرے مگر میرے نزدیک وہ تراش خراش کی جگہ ہی نہیں چھوڑ گیا ہے ..... ہماری دلی ہمیشہ اس بات میں پیچھے رہی کہ مضمون کے آگے زبان کی درستی نہ کی اور مضمون میں بھی

عاشقانہ کا زیادہ خیال رہا. مگر یاد رہے اس مضمون میں دلی کے برابر میں کسی کو نہیں سمجھتا.

حمید احمد خاں :- گلی قاسم جان کے چپے چپے کے ساتھ غالب کی زندگی کو کسی نہ کسی پہلو سے، کسی نہ کسی منزل میں تعلق رہا.... غالب کے دیوان خانے کے تقریباً سامنے ہندوستانی دواخانے سے متصل غالب کا زنان خانہ تھا.... غالب دن کا بیشتر حصہ دیوان خانے میں گذارتے تھے.... صبح ناشتے کے بعد اپنے بالاخانے کے دالان میں دوستوں کو خط لکھنے بیٹھ جاتے. خط لکھ کر اوپر لفافہ رکھ دیتے اور داروغہ کلو بند کر کے ٹکٹ لگا دیتے تھے. دوپہر کو قصے کہانی کی کوئی کتاب لے بیٹھتے یا چوسر اور شطرنج سے جی بہلاتے.... سہ پہر کو سو کر اٹھتے تو ملاقاتیوں کا سلسلہ شروع ہوتا..... ڈیوڑھی میں مونڈھے پڑے رہتے .... غالب ایک بڑے چوڑے مونڈھے پر جو لال کھاروے سے منڈھا ہوا تھا ٹانگیں سمیٹے ہوئے بیٹھا کرتے. چپلیں آگے پڑی رہتیں.

یہ دیوان خانے کی زندگی کی تصویر ہے. لیکن حرم سرا میں زندگی کا کیا نقشہ تھا؟ ......

بگا بیگم نے غالب کی زندگی کے آخری دور کا یہ پہلو اپنی آنکھوں سے دیکھا تھا.

مرزا غالب جس قدر طبیعت کے لحاظ سے آزاد تھے، اسی قدر ان کی بیگم پرہیز گار اور نماز روزے کی پابند تھیں. اس وجہ سے میاں بیوی کے درمیان اکثر نوک جھونک ہوتی تھی.

بگا بیگم نے مجھے بتایا کہ اکثر ان کی موجودگی میں میاں بیوی کی لڑائی ہوتی تھی. امراؤ بیگم خفا ہوتی تھیں تو خاموش ہو جاتیں اور غالب کہتے 'میرا تو ناک میں دم کر دیا ہے! چھوٹے پوتے کو دھمکایا کرتے تھے. نوکروں میں کلو کو بہت مانتے تھے. ایک اور نوکر مدار خاں تھے. ان دونوں کا بیاہ انھوں نے خود کرایا مدار خاں کے لڑکے نیاز علی کو مرزا نے لے لیا اور بیٹی آبادی کو کلو نے اپنی بیٹی بنایا. کھانا ایک وقت کھاتے تھے. دوسرے وقت کباب تلے ہوئے، دال مرتبہ، پسے ہوئے بادام اور حلوہ سوہن، کھانا خراب بنا ہوتا تو پکانے والے کو گالیاں دیتے. غالب کا مذہب؟ جہاں بیٹھے اسی مذہب میں ہو گئے! امراؤ بیگم کے متعلق کہا :- "جب میں بیاہی گئی تو وہ "مجو" کی پھانک تھیں. جا نماز پر بیٹھ کر کہا کرتیں! "اے اللہ! تو کب بلائے گا؟" ایک روز میں نے پوچھا: "پھپھی جان آپ کو قبر سے ڈر نہیں لگتا؟" کہنے لگیں: "بیٹی تھکا بیل سرا کو دیکھتا ہے."

مالک رام :- میرے والد مرحوم ان کے ہم عمر اور ہمجولی تھے. اور دونوں بچپن میں شیخ معظم کے

مکتب میں اکٹھے پڑھتے رہے تھے ..... یہ غدر ۱۸۵۷ء سے پانچ چھ برس پہلے کا ذکر ہے۔ گرمیوں کا زمانہ تھا۔ مرزا صاحب ان دنوں لال کنواں میں حضرت مولانا نصیر الدین عرف میاں کالے خاں صاحب کی حویلی میں رہتے تھے..... مرزا صاحب کا سن پچاس سے اوپر تھا۔ چوڑا چکلا ہاڑ۔ داڑھی صفاچٹ۔ نازک باریک مونچھیں جنھیں تاؤ دے رکھا تھا۔ بڑی بڑی غلافی آنکھیں، سرخ و سپید رنگ جس میں چمپئی دمک تھی۔ سر پر لمبے لمبے پٹھے، قلموں تک لٹکتے بال۔ سر پر ایک پلے کی ہلکی سی ٹوپی جس پر کشیدہ کا کام تھا۔ بدن پر تنزیب کا انگرکھا اور نیچے ایک بر کا سپید رنگ، جس میں چمپئی دمک تھی، سر پر لمبے لمبے پٹھے۔ بدن پر تنزیب کا انگرکھا اور نیچے ایک بر کا سپید پاجامہ۔ پاؤں میں گھیتلی جوتی۔ ہاتھ میں پیچوان کی سٹک تھی اور کش لگا رہے تھے.... دیر تک ادھر ادھر کی گفتگو ہوتی رہی۔ حکیم مومن خاں کا ذکر چل پڑا۔ اس پر مرزا صاحب فرمانے لگے صاحب بڑی آن بان کا آدمی تھا۔ ایسا رنگین مزاج اور زندہ دل اور خوددار شخص بھی کم دیکھنے میں آیا ہے۔ اپنی وضع کا اچھا کہنے والا تھا.... مجھے تو اس کا یہ شعر نہیں بھولتا

تم میرے پاس ہوتے ہو گویا
جب کوئی دوسرا نہیں ہوتا

میں نے مرحوم سے ایک بار کہا تھا کہ بھائی، میرا سارا دیوان لے لے اور یہ شعر مجھے دے دے..... غرض کہ دو گھڑی بڑے لطف کی صحبت رہی.... جب سب صاحب رخصت ہولئے تو دیر تک حضرت والد صاحب قبلہ اور آگرے کے دوسرے احباب کا حال پوچھتے رہے.... کہا تمہارے والد تو میرے لنگوٹیے ہیں۔ ہم مکتب میں ایک ساتھ پڑھتے تھے۔ دن بھر ایک ساتھ کھیلتے تھے۔ ایک کو دوسرے کے بنا چین نہیں آتا تھا.... آہ! کیا زمانہ تھا وہ بھی۔

دوسری بار میں نو دس مہینے بعد ۱۸۵۳ء کی گرمیوں میں دہلی آیا... مرزا صاحب ان دنوں بلی ماروں میں حکیم محمد حسن خاں کی حویلی میں کرایہ پر رہتے تھے..... میں پہنچا تو مرزا صاحب بڑی گرم جوشی سے ملے.... اس کے بعد وہ مجھے اندر بیگم صاحبہ کے پاس لے گئے.... میرا تعارف کرایا اور کہا کہ میرے عزیز ہیں.... میں آداب بجا لایا۔ بیگم صاحبہ نے دعا دی اور فرمایا: بیٹا، تکلف کا خانہ خراب.... اگر تمہیں کوئی چیز چاہیے تو کسی نوکر سے کہہ دو یا مجھے اندر کہلوا بھیجو۔ مہیا

ہو جائے گی اور اگر شرما شرمی میں رہے تو تم جانو۔

میں شام کے قریب پہنچا تھا..... اگلی صبح کو اٹھا تو دیکھا کہ مرزا صاحب مجھ سے پہلے جاگ چکے ہیں اور ابھی ابھی دیوان خانے میں آکر بیٹھے ہیں.... ڈاکیہ آیا اور تین چار خط دے گیا.... جب خط پڑھ چکے تو کہنے لگے کہ 'لو صاحب، میں تو اب قلعے جاتا ہوں دس بجے تک واپسی ہوگی......"

دس بجے کے لگ بھگ مرزا صاحب قلعے سے لوٹے.... کھانے میں بھنا ہوا گوشت تھا، قیمہ بھرے کریلے تھے، بریانی پلاؤ تھا اور ایک ترکاری تھی۔ روے کا حلوہ تھا۔ دو تین قسم کا سرکے اور تیل کا اچار تھا.... قیمے، گوشت اور ترکاری سب میں چنے کی دال پڑی تھی۔

جب کھانا کھا چکے تو باہر دیوان خانے میں آئے اور پلنگ پر دراز ہو گئے.... پلنگ پر لیٹے لیٹے حقے کے کش لگاتے رہے۔ میں فرش پر بیٹھا تھا۔ پوچھنے لگے کہو کہیں سیر کو گئے تھے۔ میں نے عرض کیا کہ نکلنے ہی والا تھا کہ آپ کے دوست آگئے اور ان کی خاطر سے رک گیا۔ فرمایا: "واہ اس کی کیا ضرورت تھی۔ وہ بیٹھتے تم اپنے کام پر چلے جاتے۔ میں ایک زمانہ سے ہر روز صبح کے وقت قلعے کو جاتا ہوں۔ بالخصوص جب سے حضرت ظلِ سبحانی نے خاندان ترک کی تاریخ لکھنے پر مقرر کیا ہے۔ یہ بلا ناغہ کا دستور ہے۔ میری غیر حاضری میں بھی ہمیشہ دو ایک دوست یہاں موجود ہوتے ہیں۔ حقہ پیا، پان کھایا۔ کبھی کبھی کوئی خاص ملنے والا ہو تو تمہاری چچی اسے کچھ کھانے کو بھی بھیج دیتی ہے۔ جب لوٹ کے آتا ہوں تو دوستوں، عزیزوں سے محفل ہوتی ہے۔

..... باہر صحن میں مونڈھے بچھ چکے تھے..... پہلے مفتی صاحب پالکی سے اترے۔ مرزا صدر دروازے تک جاکر انہیں لوا لائے۔ انہیں ایک مونڈھے پر بٹھا دیا۔ پھر خود بیٹھے۔ میں بھی ایک تخت پر بیٹھ گیا۔ تھوڑی دیر میں یکے بعد دیگرے شیفتہ، صہبائی، نیر، رخشاں، داغ اور ظہیر بھی آگئے.... اچھی خاصی مجلسِ شاعرہ گرم ہو گئی۔ مفتی صاحب اور صہبائی اصرار کرنے لگے کہ مرزا اپنا تازہ کلام سنائیں مرزا صاحب نے فرمایا کہ شعر کا کام دل و دماغ کا ہے، دنیا داری کے جھمیلوں ہی سے فرصت نہیں ملتی قلعے کی حاضری اور دوست احباب کی خدمت سے فرصت ملے تو انسان کچھ فکر بھی کرے۔ اس پر آج کل آسمان سے آگ برس رہی ہے۔ گرمی کے مارے دماغ ٹھکانے نہیں..... شراب کے

ساتھ گھی میں تلے ہوئے نمکین بادام .... شراب میں برابر کا عرق گلاب .... فرمانے لگے: ایک زمانہ تھا کہ کوئی وقت مقرر نہیں تھا۔ دوپہر کے کھانے سے پہلے یا شام کے قریب، جب چاہا، دو تین گلاس پی لیے۔ بارش کا دن ہو تو اور زیادہ۔ پھر رات کی معمولی شراب اس سے علاوہ .... اب یہ حالت ہے کہ صافی شراب گھونٹ بھر بھی نہیں پی سکتا .... اس کے پینے سے سینہ جلنے لگتا ہے اور حلق میں کانٹے چبھنے لگتے ہیں اس لیے اسے گورا بنانے کے لیے اس میں عرق گلاب ملاتا ہوں اور مقدار تو تم دیکھ ہی رہے ہو برائے نام رہ گئی ہے۔

جمعہ کے دن شام کے کھانے کے بعد نواب ضیاالدین خاں اپنے ہاتھی پر سوار ہو کر آ گئے اور کہا کہ چلئے حضور مشاعرے میں .... مشاعرہ دس ساڑھے دس بجے کے قریب شروع ہوا۔ پہلے اردو کے شاعروں نے اپنا کلام سنایا۔ پھر اساتذہ کی باری آئی۔ سب سے آخر میں شمع مرزا غالب کے سامنے آئی۔ انھوں نے دو فارسی کی غزلیں سنائیں۔ پڑھنے کا انداز یہ تھا کہ انھوں نے غزلیں ہلکے ترنم سے پڑھیں۔ پہلی بار مصرع اولی ایک بارگی پڑھ جاتے پھر اسے آہستہ آہستہ دہراتے اور ایک لمحہ کے توقف کے بعد اسی لہجے میں دوسرا مصرع سناتے۔ جب کوئی صاحب داد دیتے تو مرزا صاحب کا دایاں ہاتھ اٹھ جاتا اور بس۔ ورنہ یوں نہایت دل جمعی سے اپنی جگہ پر بیٹھے رہے اور پہلو تک نہیں بدلے۔

مرزا غالب کی غزل کے ساتھ مشاعرہ ختم ہوا .... ہم چار ساڑھے چار بجے کے قریب واپس مکان پر آئے۔

ان دنوں روزانہ شام کو نور گڈھ کے پاس جمنا کی ریتی میں پتنگ بازی ہوتی تھی۔ ایک طرف قلعہ معلیٰ کے بادشاہی پتنگ باز ہوتے تھے اور دوسری طرف ناظر حسین مرزا کے ساتھی۔ ایک دن مرزا صاحب کے ساتھ میں بھی پتنگ بازی دیکھنے گیا۔ اعلیٰ حضرت کے قریب سے دیکھنے کی آرزو تھی۔ مرزا خضر سلطان پتنگ اڑا رہے تھے۔ ان کا پتنگ کسی سے پیچ لڑ گیا۔ مرزا صاحب انہیں بتاتے گئے:- یہ موقع ڈھیل کا ہے .... اب دو چار ٹھمکیاں دے کر دیکھئے .... اب پھرتی سے جھٹکا دیں .... دوسرا پتنگ کٹ گیا۔ اعلیٰ حضرت بہت مسرور ہوئے اور فرمایا: اماں مرزا صاحب ہم نہیں جانتے تھے کہ آپ اس فن میں بھی طاق ہیں۔ مرزا صاحب ادب سے بولے:- مجھے کسی زمانے میں پتنگ اڑانے کا بہت شوق تھا .... نہایت ابتدائی زمانے میں چند شعر بھی پتنگ کے "لازمے

سے لکھے تھے. حضور والا بولے :۔ اچھا، اچھا ہمیں بھی سنایئے. مرزا نے گذارش کی :۔عالم پناہ، سننے سنانے کے لائق نہیں ہیں. حضور نے ارشاد فرمایا: کوئی پرواہ نہیں، ہم سنیں گے، مرزا نے شعر تحت اللفظ سنائے :۔

گورے پنڈے نہ کر ان کی نذر
کھینچ لیتے ہیں یہ ڈورے ڈال کر
اب تو مل جائے گی تیری ان سے سانٹھ
لیکن آخر کو پڑے گی ایسی گانٹھ
سخت مشکل ہوگا سلجھانا تجھے،
قہر ہے، دل ان سے الجھانا تجھے
یہ جو محفل میں بڑھاتے ہیں تجھے
بھول مت اس پر، اڑاتے ہیں تجھے
ایک دن تجھ کو اڑا دیں گے کہیں
مفت میں ناحق کٹا دیں گے تجھے

اعلیٰ حضرت بہت خوش ہوئے. مرزا نے شکریہ ادا کیا. حضرت بادشاہ سلامت نے سب کو واپس جانے کی اجازت دی. چراغ جلے مکان پر پہنچے ہم.

غدر کا ہنگامہ :۔ یہ ۱۸۵۸ء کے شروع کا ذکر ہے. ابھی تک شہر میں پورا امن نہیں ہوا تھا. گرفتاریوں کا سلسلہ جاری تھا. شہر میں باہر سے آنے جانے پر بہت پابندیاں تھیں اور باہر سے آنے والے کو شہر کے فوجی حکام سے خاص ٹکٹ لینا پڑتا تھا. میں نے بھی دو دن ٹھہرنے کا ٹکٹ لیا. سہ پہر کو دلی پہنچا اور سیدھا بلی ماروں میں مرزا صاحب

مکان پر چلا گیا. میں نے عرض کیا کہ ابھی یہاں کی حالت خطرے سے خالی نہیں. آپ چند دن کے لیے آگرے تشریف لے چلیے. فرمانے لگے یہاں سے کسی دوسری جگہ جانا کیسے ممکن ہے.... وہ بھی ہمارے ہی بزرگ تھے جنھوں نے بھوکے پیاسے خدا کی راہ میں جان تک دے دی. دن ہمیشہ ایک سے نہیں رہتے. یہ وقت بھی گذر جائے گا.

۱۸۶۲ء کے برس انہوں نے بڑی مصیبت دیکھی۔ ان کی تکلیف دیکھی نہیں جاتی تھی۔ حکیم محمود خاں کا آدمی روزانہ صبح کے وقت آتا تھا اور زخموں کو صاف کر کے مرہم لگاتا اور پھائے رکھ کر باندھ دیتا تھا تھا۔ جب وہ سلائی سے زخم صاف کرتا اور پیپ نکالتا تو دیکھنے والے کانپ کانپ اٹھتے لیکن وہ ماتھے پر بل تک نہیں لاتے تھے۔ یہ تکلیف کئی مہینے تک رہی۔ ایک دن فرمانے لگے حیران ہوں کہ اگر مجھے ابھی تک زندہ سمجھتے ہیں حالانکہ میں مردے سے بدتر ہوں۔ بہرحال یہ دونوں باتیں آدھی سچ ہیں اور آدھی جھوٹ۔ موت کی صورت میں نیم مردہ ہوں اور زندگی کی حالت میں نیم زندہ۔

۱۴ ار فروری ۱۸۶۹ء کو دماغ پر فالج گرا اور ۱۵ار فروری کو دوپہر ڈھلے جان، جان آفریں کے سپرد کر دی۔

(مالک رام نے اپنا یہ مضمون "حدیث دیگراں" کے بیانیہ انداز میں لکھا ہے)

شوخیاں اور لطیفے

(۱) ایک دن بہادر شاہ ظفر "باغ حیات بخش" میں ٹہل رہے تھے۔ مرزا غالب بھی ساتھ تھے۔ آموں کا موسم تھا۔ مرزا بار بار بڑے غور سے آموں کو دیکھ رہے تھے۔ بہادر شاہ ظفر نے غالب سے پوچھا۔ مرزا کیا پہلے کبھی آم نہیں دیکھے؟" مرزا نے عرض کیا: "پیر و مرشد میں دیکھ رہا ہوں کہ ان آموں پر کہیں میرا اور میرے باپ دادا کا بھی نام لکھا ہے یا نہیں۔" سن کر بہادر شاہ ظفر مسکرائے اور اسی روز بہترین آموں کی ایک بہنگی بھروا کر مرزا کو بھجوادی۔

(۲) حکیم رضی الدین خاں مرزا غالب کے خاص دوستوں میں سے تھے۔ انہیں آم بالکل پسند نہ تھے۔ ایک دن حکیم صاحب مرزا کے یہاں بیٹھے تھے۔ گلی میں آموں کے چھلکے پڑے تھے۔ تب ہی ایک گدھے

والا اُدھر سے گذرا۔ گدھے نے آم کے چھلکے سونگھے اور آگے بڑھ گیا۔ حکیم صاحب نے مرزا کو چھیڑنے کیلئے کہا "دیکھا مرزا"! تم آموں کی بڑی تعریف کرتے ہو۔ مگر گدھے بھی آم نہیں کھاتے۔

مرزا نے سنجیدگی سے کہا:۔ "جی ہاں" بے شک گدھے آم نہیں کھاتے

(۳) ایک بار کسی محفل میں آموں کی بات ہو رہی تھی۔ مرزا غالب بھی وہاں موجود تھے۔ مولانا فضلِ حق خیرآبادی نے مرزا سے آم کے بارے میں ان کی رائے پوچھی۔ مرزا نے اپنے خاص انداز میں جواب دیا بھئی میرے نزدیک تو آم میں دو باتیں ہونی چاہیئے۔ میٹھا ہو' اور بہت ہو۔

(۴) غدر کے ہنگامے کے بعد' جب پکڑا دھکڑی شروع ہوئی' تو غالب کی بھی کرنل براؤن کے رُو بَرُو پیشی ہوئی۔ مرزا اپنی کلاہِ پپاخ پہنے تھے۔ کرنل براؤن نے سوال کیا "ول مرزا صاحب تم مسلمان ہے؟"

مرزا نے جواب دیا:۔ "آدھا مسلمان ہوں"

کرنل براؤن نے حیرت سے پوچھا: "مطلب؟"

مرزا کا جواب تھا: "شراب پیتا ہوں' سور نہیں کھاتا"

(۵) ایک بار ایک صاحب مرزا سے ملاقات کرنے کے لیے تشریف لائے اور ادھر اُدھر کی باتوں کے بعد مرزا کے ایک شعر کی تعریف کرنے لگے۔ شعر کے بارے میں پوچھے جانے پر انہوں نے میر امانی اسد کا یہ شعر سنا دیا۔

اسد اس جفا پر بتوں سے وفا کی مرے شیر شاباش رحمت خدا کی

مرزا صاحب نے شعر سن کر کہا:۔ اگر یہ کسی اور اسد کا شعر ہے تو اس پر رحمت خدا کی اور اگر مجھ اسد کا ہے تو مجھ پر لعنت خدا کی"

(۶) امراؤ سنگھ جوہر گوپال تفتہ کے عزیز یا دوست تھے۔ ان کی دوسری بیوی کے انتقال کی خبر تفتہ نے غالب کو بھی دی۔ جواب میں انہوں نے لکھا:۔ "ایک وہ ہیں کہ دو بار ان کی بیڑیاں کٹ چکی ہیں اور ایک ہم ہیں کہ اوپر پچاس سے جو پھانسی کا پھندا گلے میں پڑا ہے تو پھندا ہی ٹوٹتا ہے نہ دم ہی نکلتا ہے۔

(۷) ایک مرتبہ مرزا غالب نے میر مجروح کو' جو پانی پت میں رہنے لگے تھے' لکھا:۔ اب بچھڑے یار کیا قیامت ہی کو جمع ہوں تو ہوں سو وہاں کیا خاک جمع ہوں گے۔ سنّی الگ شیعہ الگ' نیک جُدا بد جُدا۔

(۸) مرزا غالب نے امجد علی شاہ تاجدار اودھ کی مدح میں ایک قصیدہ لکھا لیکن وہ شاہ کی نظر سے نہ گذرا اور وہ راہ ملکِ عدم ہوئے۔ ان کے بیٹے واجد علی شاہ تخت نشیں ہوئے۔ مرزا غالب نے قصیدہ میں امجد علی شاہ کے بجائے واجد علی شاہ کا نام ڈال دیا اور اس واقعہ کو مرزا یوسف کے خط میں

بچوں کے لیے ایک دلچسپ سوانحی کہانی

سردار جعفری

مصنفہ: رفیعہ شبنم عابدی

بین الاقوامی ایڈیشن جلد منظر عام پر

اس طرح لکھا: "یہ قصیدہ امجد علی شاہ کی نظر سے نہیں گذرا تھا۔ میں نے اسی قصیدہ میں امجد علی شاہ کی جگہ واجد علی شاہ کو بٹھا دیا۔ خدا نے بھی تو یہی کیا تھا۔"

(۹) جب مرزا غالبؔ نے قاطع برُہان لکھی تو مخالفت کا ایک سیلاب اُمڈ آیا۔ ہر روز گالیوں سے بھرے خط مرزا کو ملتے۔ ایک صاحب نے تو "قاطع قاطع" جواب میں لکھ ڈالی جو فحش گالیوں سے بھری تحریر تھی۔ ایک دن مولانا حالیؔ مرزا کے پاس بیٹھے تھے کہ اسی طرح کا ایک خط مرزا کو ملا۔ مرزا نے لفافہ حالی کو دیا کہ کھول کر پڑھیں۔ مولانا نے پڑھنا شروع کیا۔ ایک جگہ خط میں ماں کی گالی لکھی ہوئی تھی۔ مولانا کو پڑھنے میں تکلف ہوا تو مرزا نے ان کے ہاتھ سے خط لے کر خود پڑھا اور پھر کہا: "کم بختوں کو گالی بھی دینی نہیں آتی۔ بڈھے یا ادھیڑ کو ماں کی نہیں بیٹی کی گالی دینی چاہیئے؟

دیباچہ

مرزا غالبؔ نے انتخابِ غالبؔ کا دیباچہ لکھتے وقت یوں شروعات کی کہ یہ کتاب جو دو باب کی ہے حقیقت یہ اس کتاب کی ہے کہ پہلے باب میں دو دیباچے اور کئی لطیفے اور کئی مکتوب ہیں۔ اگر میرے لکھے ہوئے نہ ہوتے تو میں کہتا کہ بہت خوب ہیں۔

آج ساری دنیا کہتی ہے غالبؔ کا کلام بہت خوب ہے۔ غالبؔ آج بھی زندہ ہیں۔ حالانکہ ان کو راہی ملکِ عدم ہوئے ۱۱۸ سال ہو چکے ہیں۔ غالب ایک ایسا نام ہے جو کبھی نہیں مر سکتا، کبھی نہیں مرے گا۔ ہمیشہ زندہ رہے گا۔

☆ ☆ ☆